日本共産党創立100周年記念講演

日本共産党
100年の歴史と
綱領を語る

志位和夫

日本共産党中央委員会出版局

目次

日本共産党創立100周年記念講演会

日本共産党100年の歴史と綱領を語る

幹部会委員長　志位和夫……5

一、どんな困難のもとでも国民を裏切らず、社会進歩の大義を貫く不屈性……6

戦前――天皇絶対の専制政治の変革に正面から挑む　6

この挑戦は文字通り命がけの勇気を必要とするものだった　6

弾圧に抗しての先駆的活動――その社会的影響力は大きなものがあった　7

戦後の新しい社会を準備する豊かな営み――宮本顕治・宮本百合子の12年　8

日本共産党が命がけで掲げた主張は、日本国憲法の中心的内容に実った　10

戦後――アメリカの対日支配の打破を戦略的課題にすえる　11

綱領論争（1957年～61年）の二つの焦点と、61年綱領の確定　11

沖縄の不屈のたたかい――沖縄人民党と瀬長亀次郎さんが果たした先駆的役割　12

61年綱領――本土は沖縄のたたかいに学び、沖縄は大きな激励を受け取った　14

「現実的な安保政策に転換せよ」との党綱領攻撃に答える　15

二、科学的社会主義を土台にした自己改革の努力……16
「50年問題」と、自主独立の路線の確立 16
自主独立の路線はどのようにして形成されていったか 16
二つの覇権主義による乱暴な干渉――全党の努力と奮闘で打ち破った 18
自主独立の路線を土台にした綱領路線の理論的・政治的発展 19
アメリカ帝国主義論の発展――ソ連覇権主義との生死をかけたたたかいのなかで 20
〝議会の多数を得ての革命〟の路線は、どのように形成、発展してきたか 21
世界論の発展――ソ連、中国の覇権主義との闘争、批判をつうじて 22
野党外交と世界論――発達した資本主義国の左翼・進歩政党との交流の発展を 23
社会主義・共産主義論――画期的な理論的発展をどうやってかちとったか 24
科学的社会主義の「ルネサンス」――覇権主義とたたかい続けた全党の奮闘の成果 25
党の活動と組織のあり方――民主集中制の発展 25
わが党自身の歴史的経験のなかでつくられ、発展してきたもの 25
2000年の規約改定――組織と運営の民主主義的な性格をいっそう発展させた 26
民主集中制に対する攻撃に答える――党大会の開き方を見てほしい 27
三、国民との共同――統一戦線で政治を変えるという姿勢を貫く……28
1960年代末～70年代の躍進――反共キャンペーンと「社公合意」 28

日本共産党の野党第2党への躍進――危機感をつのらせた支配勢力による反動攻勢　28
「無党派との共同」という新たな挑戦と、「自民か、非自民か」という新たな反動戦略　29
1990年代後半の躍進――反共謀略と「二大政党の政権選択論」　31
党史上最高の峰への躍進――最大・最悪の厳しい逆風とのたたかい　31
革新懇運動と「一点共闘」の発展――その後の市民と野党の共闘を支える土台に　31
2010年代中頃の躍進――市民と野党の共闘への挑戦　32
党躍進を力に、〝国民の立場にたった政界の民主的改革〟に挑戦　32
熾烈な野党共闘攻撃・反共攻撃と、大逆流を押し返す全国の大奮闘　33
党綱領で統一戦線を高く掲げる党として、困難をのりこえこの道を成功させる　34
反共と反動のくわだての一歩一歩が、矛盾を広げ、支配体制をもろく弱いものに　34
苦しめられていたのは日本共産党だけではない、国民こそ最大の被害者だった　34
新しい政治を生み出す「夜明け前」――日本共産党躍進でそれを現実のものに　35
強く大きな日本共産党の建設を――党の歴史的発展段階と展望をどうとらえるか　36
60年代の初心に立ち、「強く大きな党をつくって選挙に勝つ」という法則的発展を　36
党の歴史的発展段階と客観的条件――四つの巨大な変化に確信をもって　36
結び――次の100年に向かって……37

日本共産党創立100周年記念講演会

日本共産党100年の歴史と綱領を語る

幹部会委員長　志位　和夫

2022年9月17日

全国のみなさん、こんにちは。ご紹介いただきました日本共産党の志位和夫でございます。きょうは、私たちの記念講演会にご参加いただき、まことにありがとうございます。

記念講演する志位和夫委員長＝2022年9月17日、党本部

今年2022年は、1922年7月15日に日本共産党が創立されて100周年の記念すべき年です。この1世紀は、世界でも日本でも、多くの悲劇とともに巨大な進歩が刻まれた1世紀でした。

100年のわが党の歴史は、この党とともに社会進歩の道を歩んだ多くの先輩たちの奮闘、この党をさまざまな形で支援してくださった多くの国民のみなさんによって支えられたものであり、私は、そのすべてに心からの敬意と感謝をのべるものであります。（拍手）

きょうは、「日本共産党100年の歴史と綱領を語る」と題してお話をいたします。

この間、いくつかのメディアから、「なぜ100年間、続いたのか」という質問が寄せられました。たしかに、一つの政党が1世紀にわたって生命力を保ち、未来にのぞもうとしていることの意義は小さくないと思います。私は、この問いに対して、日本共産党の100年を貫く三つの特質をあげたいと思います。そして、この特質を〝次の100年〟を展望しても貫き、発展させていくという決意をのべるものです。

きょうの講演は、例年よりも多少長くなりますが、なにぶん「100周年」というのは100年に1回しかありませんのでご容赦いただき、どうか最後までよろしくお願いいたします。（拍手）

一、どんな困難のもとでも国民を裏切らず、社会進歩の大義を貫く不屈性

みなさん。日本共産党の党史を貫く第一の特質は、どんな困難のもとでも国民を裏切らず、社会進歩の大義を貫く不屈性であります。

不屈性と言った場合、ただやみくもに頑張るというものではありません。科学の立場で社会発展の先々の展望を明らかにする先駆性と一体になった不屈性こそが、日本共産党の特質であります。

戦前――天皇絶対の専制政治の変革に正面から挑む

この挑戦は文字通り命がけの勇気を必要とするものだった

戦前の党の歴史における不屈性は、何よりも天皇絶対の専制政治――絶対主義的天皇制の変革に正面から挑むという姿勢と一体のものでした。

戦前の天皇制は、今日の天皇の制度とはまったく違います。それは、天皇が国の全権力を一身に集め、国民を無権利状態におく専制国家であり、天皇の命令一つで国民を侵略にかりたてる戦争国家でした。

日本共産党が誕生する前にも、自由民権運動をはじめ、自由と民主主義を求めるさまざまな運動が生まれ、その最も先駆的な人々のなかには「国民主権」の主張も現れました。しかし、天皇制の問題を正面から問うところまで進んだ運動は、残念ながらなかったのです。

日本共産党の誕生は、日本社会の発展の最大の障害物であった天皇絶対の専制政治の変革に、科学的社会主義の立場に立って、正面から取り組む政党が、日本

に初めて現れたという歴史的意義をもつものとなりました。それは侵略戦争反対、国民主権の実現など、平和と民主主義の問題でも、これに正面から真剣に取り組む政党が初めて現れたという国民的意義をもつものでした。

　天皇制に対する態度は、社会進歩の立場を貫けるかどうかの最大の試金石ともなりました。戦前の日本では、日本共産党ははじめから非合法とされましたが、社会民衆党、社会大衆党など、一般に「社会主義」を名乗る政党は合法政党として存在が認められていました。彼らは「社会主義」や「財閥打倒」を唱えましたが、天皇制には従順でした。そうした諸党がどういう道をたどったか。太平洋戦争に向かう時期、保守政党とともに、「大政翼賛会」に合流して侵略戦争を推進するという道に落ち込んだのであります。

　悪名高い治安維持法は、1928年の改悪によって、「国体を変革」するもの――天皇絶対の専制体制を変革するものへの刑罰は死刑を含む最も重い刑罰に引き上げられましたが、「私有財産」制度を否認するもの――社会主義をとなえるものへの刑罰は、改悪前の「10年以下の懲役・禁錮」のままとされました。これは暗黒権力が何を最も恐れていたかを明瞭に示すものでした。天皇絶対の専制政治への挑戦は、文字通りの命がけの勇気を必要とするものだったのであります。

弾圧に抗しての先駆的活動――その社会的影響力は大きなものがあった

　治安維持法と特高警察による弾圧と迫害によって、多くの先輩たちが命を落としました。命を落とした先輩たちのなかには、川合義虎、渡辺政之輔、上田茂樹、岩田義道、小林多喜二、野呂栄太郎、国領五一郎、市川正一などの諸先輩がいます。

　わが党の歴史には、不屈のたたかいを貫き命を落とした多くの若い女性党員のたたかいが記録されています。伊藤千代子、高島満兎《まと》、田中サガヨ、飯島喜美《きみ》――この4人の同志は、それぞれ24歳という若さで命を落としています。伊藤千代子の女学校の先生だった歌人の土屋文明が、理想に殉じた彼女の死を悼《いた》んで、「こころざしつつたふれし少女《おとめ》よ新しき光の中におきて思はむ」とうたったことは、広く知られています。

　みなさん。こうした先人たちをもつことは、わが党にとっての誇りにとどまらず、日本国民にとっても誇るべきことといってよいのではないでしょうか。（拍手）

　私は、日本共産党が、当時、女性解放の旗を先駆的・徹底的に掲げた党だったことを強調したいと思います。そのたたかいがいかに先駆的だったか。当時の弾圧法・治安警察法は、女性の政党への加入を禁じていました。世論と運動におされて女性の政治集会への参加までは認められましたが、政党への加入は治安警察法が撤廃された戦後まで禁圧されたままだったのです。すなわち当時、合法とされた政党は、すべて男性のみで構成されていたのです。今日、女性の政治参加の問題は、ジェンダー平等の重要な柱になっていますが、この時代に、日本共産党は、多くの女性党員をもち、女性党員の誇るべきたたかいを歴史に刻んだ唯一の党だったのであります。

　日本共産党が、〝ここに日本共産党あり〟という旗を国民の前に立てて活動できたのは、1928年2月の党機関紙「赤旗《せっき》」創刊から、35年3月、弾圧によって党中央委員会が活動停止に追い込まれるまでの7年間でした。しかしその社会的影響力は大きなものがありました。「赤旗」の発行部数は最高時に7000部に達し、その一部一部が回し読みされ、読者は数万人にのぼりました。小林多喜二や宮本百合子の作品は、『中央公論』や『改造』という当時一流とされた総合雑誌が競いあって掲載しました。野呂栄太郎が中心になって岩波書店から刊行した『日本資本主義発達史講座』は、当時の大蔵省、農林省、商工省の役人にも広く読まれるなど一般からも高く評価されました。それは、今日から見ても歴史学と経済学における科学的な金字塔というべき偉業であります。

　のちに「九条の会」の呼びかけ人の一人となった、評論家の鶴見俊輔さんは、当時の知識人から見た日本共産党の存在を「北斗七星」にたとえましたが、それはこの時代の日本共産党の存在と役割がどんなに大きなものであったかを示すものではないでしょうか。

戦後の新しい社会を準備する豊かな営み
——宮本顕治・宮本百合子の12年

　1935年、弾圧によって党中央の活動は中断に追い込まれました。これをもって「党は壊滅した」と断ずる論者もいます。しかし、私が強調したいのは、党の活動は続けられ、その中には戦後の新しい社会を準備する豊かな営みも生まれたということです。

　ここでは戦前・戦後、党の指導者として大きな足跡を残した宮本顕治さんと、その妻で著名な革命的・民主主義的作家の宮本百合子さんの12年のたたかいを紹介したいと思います。ここでいう12年とは、宮本顕治さんが逮捕された1933年12月から、敗戦によって解放された1945年10月までの12年です。

　1950年～52年に宮本顕治・宮本百合子の書簡集『十二年の手紙』が発行され、広く読まれました。この時の書簡集は抜粋のものでしたが、今では顕治・百合子のほぼすべての書簡が読めます。私は、講演の準備であらためて通読しましたが、そこには非転向の日本共産党員として獄中闘争をたたかいぬく顕治と、戦争非協力を貫き検挙、投獄、執筆禁止など絶えず迫害を受けながら日本共産党に所属する人民的作家として苦闘する百合子の、不屈の精神的交流の記録がしるされており、深い感銘を覚えました。

獄中の顕治から百合子に対する援助や助言がしばしば行われています。そのなかには1938年、百合子が獄中への書簡で「急襲的な批判」――〝不意打ちの批判〟と呼んだ、百合子の生活と文学の問題点に対する厳しい批判もありました。1943年に顕治が百合子にあてた書簡では、戦時中に文学者を戦争に協力させる組織としてつくられた「文学報国会」が企画した作品集に対して、一切縁を持たない姿勢を貫くことがどんなに大切かを、繰り返し説いています。「良心的に生きるために一見孤独が避け難いときには、いさぎよくその孤独を受け入れることが真の文学者だろう。そんな孤独は……実は少しも孤立ではないのだから」。顕治はこう言って百合子を励ましています。これらの顕治の援助や助言と、それに誠実に全力でこたえた百合子の奮闘が、12年の時期に、百合子を大きく成長、飛躍させたことが、2人の書簡に記録されています。

記念講演する志位和夫委員長＝2022年９月17日、党本部

12年の最初の時期には、自らを「おさなさ」という言葉で特徴づけていた百合子は、終戦直後に顕治にあてた手紙で、自分が作家として「一点愧《は》じざる生活を過した」とのべ、それができたのは「無垢《むく》な生活が傍らに在った」からだと顕治への感謝をのべています。百合子が、12年に大きく成長し、戦後、日本文学の巨匠としてたち現れることができたのは、顕治の援助と助言、それにこたえる百合子の誠実な努力の結果だったと思います。

同時に、強調されなければならないのは、顕治の獄中・法廷闘争は、百合子の最大限の支援・参加なしにはありえなかったということです。1951年、百合子が急逝した直後に、顕治は、「百合子追想」「百合子断想」などの論文で、顕治が、1937年、腸結核が悪化して、死は時間の問題と思われていた時に、予審判事が、「『人並み』に一応調書だけとれば外の病院で死なせることぐらいできる」と言った。その誘いを拒絶して頑張りぬいたたたかいに対して、百合子がとった態度を次のように回想しています。

「百合子自身も、その間一度も私に『人並みに死ねる』ための妥協をすすめることなく、私の死との格闘をやさしい勇気ではげまし、正しく生きるための不可避的な帰結をも卑怯《ひきょう》なごまかしでさけさせようとはしなかった」

「巣鴨拘置所の病監で病死が近いとみなされていた私が腸出血と衰弱に歩くのもやっと病舎の面会室に現われたときも、彼女はいつもやさしく力をこめて、『どう』と心から微笑《ほほえ》みかけることをやめなかった」

百合子は、投獄による健康悪化、経済的困窮のもと、裁判に関わる全記録を自分の費用でつくりあげ、公判闘争で顕治が暗黒権力のねつ造を論破するために必要な材料を準備しぬきました。そのことについて顕治は、「権力側のデマが敗退し、真実が守り抜かれた……背後には、百合子自身の窮乏と艱苦《かんく》による大きな犠牲的努力がひそんでいた」と深い感謝とともに回想しています。

こうして2人は、日本軍国主義の敗戦を、成長と成熟のなかで、確かな備えをもって迎えました。それは戦後まもなく執筆され、百合子自身が「溢《あふ》れる川のように溢れて書かれた作品」と呼んだ『播州平野』『風知草』、さらに自ら「中途の一節」と呼んだ大作『道標』など、彼女の文学のなかにも現れました。

12年に2人が交わした書簡、不屈の精神的交流の記録には、百合子を、一人の女性として、その才能、個性、人格を尊重し、その成長のために心を砕く顕治の姿が刻みこまれています。また、そこには、顕治の闘争をあらゆる犠牲を払いながら、共同の事業として支援するとともに、その助言を全身で受け止め成長する百合子の姿が刻みこまれています。

こうした、人格を互いに尊重しあい、互いに支えあう2人の姿は、当時の時代的条件のもとで、抜きんでたものといえるのではないでしょうか。それは、最も困難な時代に、どのような姿勢で困難に立ち向かい、次の時代を準備するかについて、いまを生きる私たちへの限りない励ましになっているのではないでしょうか。（拍手）

日本共産党が命がけで掲げた主張は、日本国憲法の中心的内容に実った

戦前の日本共産党のたたかいには、未熟さ、誤り、失敗もありました。裏切りや脱落もありました。しかし、私は、23年にわたる日本共産党の戦前史は、世界の近現代史の中でも、誇るに足る歴史だと考えるものです。

そして、その不屈のたたかいの正しさは、歴史が証明しました。わが党が主張した国民主権、侵略戦争反対の旗は、日本国憲法に書き込まれました。のちに「九条の会」の呼びかけ人ともなった評論家の加藤周一さんは、1961年に発表した「日本人の世界像」と題する論文で次のようにのべています。

「天皇主権の廃止・大地主制度の廃止・貴族院と枢密院の廃止・常備軍の廃止・普通選挙の実行・言論集会結社の自由・八時間労働制・最低賃銀制・社会保険・労働組合の法認は、今日の憲法の約束するものである。そのなかで大地主制度の廃止を『大私有地の無償没収と国有』と書き代えただけの綱領を掲げて

１９２２年に結成された政党は、非合法政党としてしか存在のしようがなかった。その政党とは日本共産党である」

日本共産党が――日本共産党ただ一党が――、戦前、命がけで掲げた主張が、日本国憲法の中心的内容に実ったという評価であります。

２００７年、宮本顕治さんが亡くなったさいに、加藤周一さんが、「宮本さんは反戦によって日本人の名誉を救った」という心のこもった弔意の言葉を寄せてくださったことは忘れられません。これは日本共産党の存在と活動の全体に当てはまる評価ではないでしょうか。戦前の日本共産党の不屈の奮闘は、日本人の名誉を救い、日本国憲法の原理となり、日本国民全体にとっての財産となっていると言っていいのではないでしょうか。（拍手）

戦後――アメリカの対日支配の打破を戦略的課題にすえる

綱領論争（１９５７年～61年）の二つの焦点と、61年綱領の確定

戦後の日本共産党の不屈の歩みを支える画期となったのは、１９６１年の第８回党大会で確定した綱領路線――民主主義革命を当面の任務とし、社会主義的変革にすすむという路線でした。わが党は、１９５７年～61年に、足かけ5年にわたる綱領論争を行い、現綱領の土台となる61年綱領を確定しました。

このときの綱領論争には二つの焦点がありました。

一つは、アメリカの対日支配を打破する「反帝独立」の課題を、革命の戦略的任務として位置づけるかどうかという問題でした。綱領草案への反対論は、〝いまのアメリカ従属のさまざまな現象は、占領時代の遺物であって、講和条約で独立国家になったのだから、日本の経済発展が進んでいけば、おのずから解決してゆく〟と、アメリカの対日支配の打破を、革命の戦略的課題にすることに反対するというものでした。

もう一つは、独占資本主義――財界・大企業の横暴な支配を打ち破るたたかいを「反独占」の民主主義革命ととらえるか、社会主義革命ととらえるかという問題でした。綱領草案への反対論は、「反独占」ならば社会主義革命以外にないというものでした。

１９６０年の日米安保条約改定に反対する国民的大闘争、さらに大量の指名解雇に反対した三井三池炭鉱闘争の経験を経て、61年の第８回党大会で全党が一致して出した結論は、「反帝反独占」の民主主義革命――今の綱領の言葉で言えば異常な対米従属と大企業・財界の横暴な支配を打破する民主主義革命を当面の戦

略的任務とすることでした。それは、当時の国内外の「常識」をくつがえすきわめて先駆的でユニークな路線でした。

とりわけ、わが党が、アメリカの対日支配の打破を革命の戦略的課題にしっかりとすえたことは、その後のわが党の不屈のたたかいの最大の支えとなりました。

その後の歴史は、61年綱領の正しさを証明しました。経済発展とともに、対米従属は解消されるどころか、日本はアメリカの世界戦略にいよいよ深く組み込まれ、従属はいよいよ深刻になりました。軍国主義復活への動きと海外派兵も、アメリカへの従属の深まりと一体にすすみました。独占資本主義――大企業・財界の横暴な支配をただすたたかいが、社会主義の課題でなく、民主主義の課題であることは、今では論じる必要もないほど明らかになっています。

沖縄の不屈のたたかい――沖縄人民党と瀬長亀次郎さんが果たした先駆的役割

ここでとくにお話ししたいのは、沖縄の不屈のたたかいの歴史です。

まず9月11日に行われた沖縄県知事選挙で、「オール沖縄」の玉城デニー知事が圧倒的勝利をかちとったことを、みんなで喜びあいたいと思います（拍手）。岸田政権に対して、選挙戦で示された「辺野古に新基地はつくらせない」「普天間基地の即時閉鎖・撤去」という沖縄県民の揺るがぬ民意を重く受け止めることを、強く求めるものであります。（拍手）

戦後、沖縄は、米軍の直接統治下に置かれ、1952年のサンフランシスコ平和条約第3条によって本土から切り離されて、米軍の苛酷な植民地的支配のもとに置かれました。この暴圧のもと、1947年7月に創立された沖縄人民党は、米軍の苛酷な弾圧に抗して、祖国復帰運動の先頭に立ち続けました。

来年、2023年は、沖縄人民党が日本共産党に合流して50年の節目の年になります。私は、この機会に、沖縄人民党のリーダーとして祖国復帰運動の先頭に立ち、のちに日本共産党の副委員長をつとめ、沖縄でいまなお党派の違いを超えて深い尊敬を集めている瀬長亀次郎さんの著作――『民族の悲劇』『民族の怒り』『沖縄の心――瀬長亀次郎回想録』などの全体をあらためて読み返しました。

瀬長さんと言えば、まさに「不屈」を体現した政治家ですが、その著作の全体を読み返し、1950年代の弾圧に抗しての苦闘の時代、60年代から70年代初頭にかけて〝民族の怒り〟が爆発し、本土復帰への巨大なうねりがつくられる時代の全体にわたっての、沖縄人民党と瀬長さんの不屈のたたかいに深く胸を打たれました。

私は、沖縄人民党と瀬長さんの一貫した姿勢として、とくに二つの点を強く感じました。

第一は、沖縄県民が島ぐるみで団結するならば、この現状は必ず変えられるという強い信念であります。1950年、沖縄で初めての知事選挙――群島知事選挙が行われたさいに、4万人を超える県民がつめかけた立会演説会で、瀬長さんは、「祖国復帰をかちとろう」と訴えた演説を次のように締めくくりました。有名な一節であります。

「このセナガひとりが叫んだならば、五十メートル先まで聞こえます。ここに集まった人びとが声をそろえて叫んだならば全那覇市民まで聞こえます。沖縄の九十万人民が声をそろえて叫んだならば、太平洋の荒波をこえて、ワシントン政府を動かすことができます」

島ぐるみの団結がいかに大事かを、気宇壮大に訴えた名演説として、今日もみずみずしい生命力をもつ訴えではないでしょうか。

第二は、瀬長さんが、「沖縄人民党のたたかいの歴史のなかで大きな誇りはその先駆性である」とのべ、沖縄人民党の不屈のたたかいの根本には、日本と沖縄の前途を科学の力で見通す先駆性があったことを強調していることであります。

まず、1950年の群島知事選挙のころには、「祖国復帰」を口にするのはタブーとされていたといいます。そうしたもとで、沖縄人民党と瀬長さんは「祖国復帰」を堂々と訴えていきます。「カメさんの背中に乗って祖国の岸へ渡ろう」というキャッチフレーズがつくりだされ、やがて「祖国復帰」は全県民の要求となっていきました。

次に問題になったのは、1952年4月28日に発効したサンフランシスコ平和条約第3条の問題でした。サ条約第3条は、〝沖縄を永久に日本から分離する〟という最悪の売国的条項でした。沖縄人民党は、ただちにサ条約第3条撤廃の要求を打ち出しましたが、当初、それは多数の声にならず、革新政党の間でも一致がえられなかったといいます。しかし、1960年、安保改定阻止の国民的大闘争が発展するなかで、この年の4月に結成された沖縄県祖国復帰協議会――復帰協とよばれた画期的な統一戦線組織の活動方針に、「サ条約第3条撤廃」が初めて力強く掲げられました。この要求が統一戦線の固い合意となったのでありま す。

もう一つ、問題がありました。日米安保条約の問題です。沖縄人民党は、1952年に結ばれた旧安保条約の段階から、安保反対の立場を明確に打ち出していました。60年に安保条約改定の動きが起こり、空前の国民的反対闘争が起こるもとで、沖縄人民党は、サ条約第3条とサ条約第6条にもとづいて結ばれた日米安保条約を、対米従属体制の「2本の柱」と位置づけ、その撤廃が県民的合意となるよう粘り強くたたかいました。

沖縄人民党と瀬長さんは、この問題をこう訴えていったといいます。

〝本土人民は、安保条約で半占領下におかれている。われわれも日本人だ。同じ日本人として連帯して真の民族独立のためにたたかう必要がある〟

〝祖国に復帰しても、安保条約が続く限り、沖縄の占領状態は永久化される。沖縄の未来のためにも安保条約破棄が必要だ〟

こうした訴えを粘り強く行っていきました。

日米安保条約廃棄については、復帰協の当初の議論では、「安保条約は沖縄には関係ない」とか、「安保条約を知らないのに反対するわけにもいかん」とか、いろいろな意見が続出して合意にならず、復帰協の最初の合意は、「安保の本質を知らしめる運動」に取り組もう――〝まずは安保の学習をしよう〟ということから始まったといいます。しかし、やがて日米安保廃棄は復帰協の明確な闘争目標にすえられていきました。

1968年11月に実施された琉球政府主席・立法院・那覇市長の「三大選挙」での革新民主勢力の歴史的勝利が決定的な力となって、1972年、ついに沖縄の施政権返還が実現しました。沖縄県民の島ぐるみのたたかいは、条約上不可能と言われた壁をのりこえて、祖国復帰をかちとったのであります。復帰にあたって琉球政府が日本政府にあてた「建議書」には、「基地のない平和な島としての復帰を強く望んでいる」などとともに、「基地を必要とする安保には必然的に反対せざるをえない」と明記されました。

この全経過は、沖縄人民党が三つの要求――「祖国復帰」「サ条約第3条撤廃」「安保条約廃棄」を先駆的に掲げ、それを統一戦線のスローガンにしていったことが、どんなに大きな意義をもつものかを明らかにするものとなりました。三つの要求のうち「祖国復帰」は現実のものとなり、「サ条約第3条」については条文上は残りましたが「立ち枯れ」に追い込んだのであります。瀬長さんは、沖縄人民党が発揮した先駆性が、沖縄県民の不屈の闘争の「大きなささえ」になったと強調していますが、ここには今日に生きる大きな教訓があるのではないでしょうか。（拍手）

61年綱領――本土は沖縄のたたかいに学び、沖縄は大きな激励を受け取った

もう一つ、私が、強い感銘を受けたのは、沖縄人民党がこうした先駆的役割を発揮するうえで、日本共産党の61年綱領との深い理論的な響きあいがあったということです。瀬長さんは、次のような回想を語っています。

「1957年、日本共産党の綱領草案が沖縄にも入ってきた。われわれはむさぼるようにそれを読み、……日本の支配体制に対する指摘は、衝撃的だった」「日本共産党第八回大会での宮本書記長（当時）の『綱領報告』は、本土におけるアメリカ帝国主義の支配を正しく位置づけることのできない日和見主義者たちへの痛烈な批判を行っているが、その中で沖縄県民のたたかいの経験が大きな比重を占めている。当時、この報告をよみ、沖縄人民党をはじめとする沖縄県民のたたかいへの評価を感動的に受けとめるとともに、われわれのたたかいが綱領路線確定に寄与できたことに大きなよろこびを感じた」

本土は沖縄のたたかいに学んで61年綱領を確立し、沖縄は61年綱領から大きな

激励を受け取ったのであります。

１９７３年の日本共産党と沖縄人民党の合流――沖縄人民党の科学的社会主義の党への前進は、対米従属体制に反対する連帯を通じての歴史的必然でした。

瀬長さんの著作には、１９７０年に沖縄で初めての国政参加選挙が行われたさいに、応援にかけつけた日本共産党国会議員団との初めての出会いのエピソードがユーモアたっぷりに描かれています。この時には、日本共産党演説会でなく「共産党を見る会」というのが沖縄の各地域につくられたといいます。反動勢力が共産党のことを暴力団や赤鬼、青鬼みたいだと攻撃するもとで、「一体どんな顔をしているのだろう」と見に来た。沖縄に応援にいった日本共産党の国会議員が「私の顔が赤鬼、青鬼、暴力団に見えますか」ときりだすと、「そんなことはないぞ」と県民が答えたというエピソードが語られています。日本共産党を見に来た人たちも、その姿を知るなかで、信頼できる友人と感じるようになっていったといいます。

両党の歴史的合流から半世紀をともに祝いたいと思います。（拍手）

今日の「オール沖縄」は、日米安保条約への是非を超えた新しい画期的共闘として発展してきており、日本共産党は、保守・革新の垣根を越えて共闘を発展させる立場を揺るがず貫きます。同時に、日米安保条約廃棄を一貫して不屈に掲げる日本共産党の奮闘は、沖縄県民の闘争の支えとなり、「オール沖縄」の発展のうえでの大きな貢献となっていることを、強調したいと思います。

全国のみなさん。「基地のない平和で豊かな沖縄」が実現するまでともに力をつくす決意を、この機会に固めあおうではありませんか。（拍手）

「現実的な安保政策に転換せよ」との党綱領攻撃に答える

61年綱領で確立したわが党の綱領路線は、今日、いよいよ大きな力を発揮しています。ロシアのウクライナ侵略を利用した「日米同盟の抑止力の強化」、大軍拡、改憲の大逆流が強まるもとで、日本共産党は、これに真正面から対決する論陣をはってきました。大逆流に対して全党が不屈にたたかい、押し返してきた土台には、61年前に打ち立てた綱領路線の生命力が脈打っていることを強調したいと思います。

わが党綱領への攻撃の一つの焦点は、「現実的な安全保障政策に転換せよ」と、日米安保条約容認の党への変質を迫るものとなっています。しかし私は問いたい。どちらが現実的で、どちらが非現実的か。

日本共産党が提唱している憲法９条を生かした外交で東アジアに平和をつくる「外交ビジョン」が示すように、徹底した対話による平和創出こそ、最も現実的な道ではないでしょうか。「日米同盟」を絶対化して、「軍事対軍事」の悪循環に陥ることこそ、少しでも現実的に考えるならば最も危険な道ではないでしょうか。そしてそれは、相手国による甚大な報復攻撃を日本に呼びこむ「敵基地攻撃」論に示されるように、およそ非現実的な道ではないでしょうか。

日本共産党は、安保法制廃止、憲法9条改悪阻止など緊急の課題の実現のために、日米安保条約への是非を超えた共闘を発展させます。同時に、日米安保条約廃棄が国民多数の声となるよう、独自の取り組みを一貫して推進していきます。これがわが党綱領への攻撃に対する、私たちの断固たる回答であります。（拍手）

二、科学的社会主義を土台にした自己改革の努力

日本共産党の党史を貫く第二の特質は、科学的社会主義を土台にして、政治路線と理論の面でも、党活動と組織のあり方の面でも、つねに自己改革の努力を続けてきたことであります。

日本共産党に対して「無謬《むびゅう》主義の党」――〝誤りを決して認めない党〟という攻撃が、行われてきましたし、今なお繰り返されています。しかし、これほど事実に反する、的外れの攻撃はありません。

わが党の歴史のなかには、多くの誤り、時には重大な誤りがあります。さまざまな歴史的制約もあります。それらに事実と道理に立って誠実に正面から向き合い、つねに自己改革を続けてきたことにこそ、わが党の最大の生命力があることをお話ししたいと思います。

「50年問題」と、自主独立の路線の確立

自主独立の路線はどのようにして形成されていったか

100年の歴史を通じて、わが党の最大の危機は、戦後、1950年に、旧ソ連のスターリンと中国によって武装闘争をおしつける乱暴な干渉が行われ、党が分裂に陥るという事態が起こったことにありました。私たちはこれを「50年問題」と呼んでいますが、この時、無法な干渉に反対し、党の分裂を克服して統一を実現するたたかいの先頭にたった宮本顕治さんは、後年、1988年に、次のようにのべています。

「50年問題は、日本共産党史上、最大

の悲劇的な大事件だった。かつて、これほどの大きな誤りはなかったし、これからもないだろう。絶対にないことを願わずにはおれない」

私は、この一文を読んだ時に、絶対主義的天皇制による苛烈な弾圧を体験した宮本さんが、それを上回る「最大の悲劇的な大事件」とのべたことに、あらためてこの問題がいかに深刻だったかを痛感したことが深く記憶に残っています。

1950年、干渉に呼応して分派をつくった徳田球一や野坂参三らは、占領軍による弾圧を利用し、党中央委員会を一方的に解体しました。分派によって武装闘争の方針の日本への流し込みが行われました。同時に、この危機をのりこえる過程で、わが党は大きな自己改革をとげていきました。そこには認識の巨大な発展が記録されています。

戦後直後の時期に、わが党には、〝ソ連や中国のやることには間違いはない〟という認識があったことは、当事者からも率直に明らかにされていることです。わが党は、そうした認識を、わが党への乱暴な干渉と党の分裂という最大の誤りを解決していくなかで、大胆にのりこえ、自主独立の路線――日本の党と運動の問題は、日本共産党自身がその責任で決定し、いかなる外国勢力の干渉も許さないという路線を確立していきました。

自主独立の路線はどのように形成されていったか。コミンフォルム――スターリンが、第2次世界大戦後、覇権主義を世界におしつける道具としてつくった国際機関――による日本共産党への公然とした干渉は、1950年1月、51年8月の2度にわたって行われました。宮本顕治さんは、2度目の干渉までの間に、「私自身のコミンフォルム観は大きく変わらざるを得なかった」として次のような認識に到達したとのべています。

「自分たちが身をもって日々切り開こうとしている日本共産党のまさに内部問題についての、実情を知らない干渉の不当さというのが私の判断の到着点だった」

宮本さんのこの認識は、「50年問題」を総括する過程で、やがて党全体の共通の認識となっていきました。「50年問題」は、ソ連などによる干渉がひき起こしたものであり、干渉に対する批判なくしてその科学的総括は絶対にできません。徹底した総括の議論をすすめるなかで、党は1957年10月に開催した中央委員会総会（第15回拡大中央委員会総会）で、総括文書「50年問題について」を全員一致で採択しました。総括文書は、コミンフォルムの2度目の干渉について、党の「正しい統一の道をとざした」との批判を明記しました。

この中央委員会の直後の時期に、ソ連と中国を訪問していたわが党代表団に対し、ソ連のフルシチョフなどは、「いまさら古い汚れものを出すことはない」などと総括に反対する出来事が起こりました。日本共産党がこの問題を総括すると、自分たちの悪行が明るみに出ることを恐れたのでしょう。しかし、わが党は、それをはねのけて堂々と総括をすすめ、党の組織的統一を全面的に回復した1958年の第7回党大会で、自主独立という確固とした路線を引き出したのであります。

「50年問題」における国際的な干渉の全貌は、ソ連が解体した後の1992年～93年に表に出てきた旧ソ連の秘密資料から明らかになっていきました。干渉の全体像は、50年代当時の党の認識をはるかにこえる大がかりなものでした。この時点では知りえないことが多くありました。しかし、わが党は限られた事実と認識から、自主独立という確固とした路線を引き出しました。その後、明らかになった事実に照らしても、57年の総括文書「50年問題について」を読み返してみますと、党の分裂の経過と責任についての基本点は驚くほど正確にとらえられています。私は、先人たちがなしとげた偉業に、強い敬意の気持ちをのべたいと思うのであります。

二つの覇権主義による乱暴な干渉――全党の努力と奮闘で打ち破った

自主独立の路線が明確にされたといっても、それがどれだけ自覚的につかまれていたかという点では、当時の個々の党幹部に違いがありました。党の認識としても、ソ連や中国などの実態をはじめからすべて分かっていたわけではありませんでした。

自主独立の路線は、1960年代以降の、二つの覇権主義による乱暴な干渉――旧ソ連、中国・毛沢東派による干渉に正面から反対する闘争で鍛えられ、認識が発展させられ、全党の血肉となっていきました。二つの干渉とのたたかいは、「社会主義」を名乗る大国が、国家権力の総力をあげ、内通者を仕立て上げ、日本共産党の指導部を転覆させようという悪辣《あくらつ》な攻撃との、党の生死をかけたたたかいとなりました。

ここで重要なのは、党中央が干渉者との論争をしていただけではないということです。たたかうべき相手は、海のかなただけでなく、国内にも存在していました。干渉者に内通した分派がつくられ、党を破壊する先兵となりました。少なくない他の政党とメディアも干渉者に追随・加担しました。多くのメディアは、わが党がソ連と論争を始めると「中国派になった」とレッテルをはり、中国とも論争を始めると「自主独立というが自主孤立ではないか」と冷笑と揶揄《やゆ》で報じました。そうした状況のもとで、全党は懸命に論争の中心点をつかみ、全党の力で干渉を打ち破っていきました。

当時の「赤旗」には長文の国際問題の論文が次々に出されました。

1964年9月2日付の「アカハタ」には、ソ連共産党への長文の「返書」が掲載されています。ソ連の干渉に全面的な反論をくわえたものですが、1面の頭から8面まで8ページにわたってびっしりと「返書」が掲載され、9面から10面と11面の一部は、資料としてソ連側の書簡が掲載され、一般記事は11面の1ページ弱に圧縮され、12面は、テレビ・ラジオ欄等となっています。しかも「返書」

のため、見出しは一切なく、細かい活字がびっしりと続いています。

1967年4月29日付の「赤旗」には、中国の干渉者たちの党攻撃の中心点である武力革命論を全面的に論破した「極左日和見主義者の中傷と挑発——党綱領にたいする対外盲従分子のデマを粉砕する」と題する長文の論文——私たちは「4・29論文」と呼んだものです——が掲載されています。この「赤旗」は1面は一般記事ですが、2面から7面まで5ページ半にわたる大論文が掲載されています。

こうした長文の「返書」や論文を当時の同志たちはどう読んだのか。当時、滋賀県委員会で党専従として活動していた浜野忠夫副委員長に聞くと、次のような話でした。

「当時、地方にいた党員は、ソ連、中国に対して、革命を成し遂げた党としての強い信頼があっただけに、論争が始まった時には、『これからどうなるのか』という大きな不安があった。それだけに党中央の出した『返書』や論文は、何をさておいても全部読みきるまでは気がすまない、自分自身の党員としての生き死にに関わる問題として、必死に、むさぼるように、一気に読んだ。党機関で何度も討議し、確信を深め、中央委員会を信頼してたたかいぬこうとの決意を固めていった。党機関のメンバーの中には、『返書』や論文が、『長すぎる』などという意見を言ったものは一人もいなかった」

当時の全党の先輩たちのこうした努力と奮闘によって、日本共産党は、干渉者を打ち破ったのであります。

ソ連との関係でも、中国との関係でも、論争には歴史的決着がつきました。この二つの大国の党に、二つながら干渉に対する「反省」を言わせた世界で唯一の党が日本共産党であります。さらに1991年にソ連共産党が崩壊したさいに、大国主義・覇権主義の歴史的巨悪の党の終焉《しゅうえん》として、「もろ手をあげて歓迎する」と言い切った世界で唯一の党が日本共産党であります。

これはたんにわが党にとって誇るべき歴史であるだけではありません。わが党への干渉は、日本国民の運動の自主性に対する侵害であり、それは日本に対する主権侵害・内政干渉という重大な意味をもつものでした。干渉と正面からたたかいぬき、打ち破ったことは、国民的意義をもつものだったと言ってよいのではないでしょうか。（拍手）

自主独立の路線を土台にした綱領路線の理論的・政治的発展

日本共産党は、自主独立の路線のうえに、この60年余、綱領路線の大きな理論的・政治的発展をかちとってきました。その中には、国際的に「定説」とされていたものを打ち破った画期的な発展がいくつもあります。

私が、強調したいのは、そうした発展がどれも生きたたたかいのなかでかちとられたものだということです。ここでは、今日につながる大きな理論的・政治的発展として、四つの点についてお話ししたいと思います。とくに、それぞれの理論的・政治的発展がどういうプロセスを経て達成されたのかについて、お話ししたいと思います。

アメリカ帝国主義論の発展――ソ連覇権主義との生死をかけたたたかいのなかで

第一は、アメリカ帝国主義論の発展です。

1963年～64年に始まるソ連による干渉の出発点となったのは、ソ連のフルシチョフが〝米ソ協調〟を唱え、63年8月の米ソ英3国による部分的核実験停止条約――その実態は地下核実験合法化条約――を、日本の運動におしつけたことでした。

ソ連は、〝米ソ協調〟路線を合理化しようとして、ソ連が「世界で最大の威力をもつ核兵器」をもつようになった結果、「帝国主義者は、〝力の立場〟に立つ政策を実施する物質的地盤を失ってしまった」――アメリカがソ連の核兵器の力によって平和政策を受け入れざるを得なくなったという、途方もない帝国主義美化論を行いました。

こうした議論に対して、日本共産党は、1963年10月に開催した中央委員会総会（8大会・7中総）で、現在の〝米ソ協調〟といわれる状況は、アメリカの政策が平和的なものに変わったことを意味するものではない、アメリカ帝国主義は、ソ連など大国との対決を避けつつ、大きくない社会主義国や民族解放運動を狙い撃ちにしようという政策をとっていると分析し、この政策を「各個撃破政策」と名づけました。

当時の世界で、こういう分析はどこにもありませんでしたが、日本共産党は、アメリカの実際の行動や外交・軍事の諸文書を研究してこの結論を導いたのであります。この分析の正確さは、翌年、1964年のアメリカによるベトナム侵略戦争の本格開始によって証明され、侵略戦争に反対するたたかいで力を発揮しました。

わが党は、〝アメリカの実際の政策や行動をもとにアメリカをとらえる〟という姿勢を、その後も一貫して発展させてきました。

2004年の第23回党大会で行った綱領改定では、現在のアメリカの政策と行動を分析して、アメリカがまぎれもなく帝国主義であることを明らかにするとともに、「アメリカの将来を固定的に見ない」――将来、アメリカの侵略的な政策と行動が変化することがありうるという解明を行いました。

さらにその後、わが党は、アメリカが「将来」、変化する可能性だけでなく、「現在の局面」でも、「アメリカのすることはすべて悪」と〝黒一色〟でとらえるのでなく、多面的に複眼で見ていくというアメリカ論を発展させていきました。

２００９年にオバマ米大統領が、プラハでの演説で「核兵器のない世界」を米国の国家目標にすると言明しました。私は、この演説を聞いて、新しい重要な踏み込みがあると感じ、オバマ大統領に、この言明を「心から歓迎」し、「核兵器廃絶のための国際条約の締結をめざして国際交渉を開始」することを要請する書簡を送り、米国政府から返書が届くというやりとりもありました。オバマ大統領の言明は、その後うちすてられましたが、こうした対応を行ったことは意義があったと考えるものです。今後もそうした変化が起こったときには、私たちは弾力的に対応していきます。

こうした弾力的なアメリカ論は、２０２０年の第28回党大会で行った綱領一部改定で綱領に明記され、今日に生きる力を発揮しています。

このように、〝アメリカの実際の政策や行動をもとにアメリカをとらえる〟というアメリカ帝国主義論は、ソ連覇権主義との全党の生死をかけたたたかいのなかで形成され、情勢にそくして発展させられてきたものであることを、強調したいと思うのであります。

〝議会の多数を得ての革命〟の路線は、どのように形成、発展してきたか

第二は、〝議会の多数を得ての革命〟――選挙で国民の多数の支持を得て平和的に社会変革をすすめる路線であります。

「50年問題」で引き起こされた最も深刻な誤りは、党を分裂させた分派が、干渉者のいうままに武装闘争方針をおしつけたことにありました。わが党は、61年綱領を確立する過程で、この問題を掘り下げて検討し、武装闘争方針をきっぱり否定するとともに、61年綱領で、議会の多数を得て平和的に社会変革をすすめることを、日本革命の大方向として打ち出しました。

そこにいたるプロセスを、あらためてつぶさに調べてみました。

その重要な契機となったのは、１９５６年６月に開催された中央委員会総会（「６全協」・７中総）であります。この中央委員会総会で採択された決議「独立、民主主義のための解放闘争途上の若干の問題について」は、日本を含む「一連の国々では、……議会を通じて、平和的に革命を行うことが可能となった」と明記するとともに、分派がつくった武装闘争方針の土台となった文書――「51年文書」を日本の現状に「適合しない」ときっぱり否定しました。

この決議の採択を契機として、綱領討議が正式に始まりました。１９５８年の第７回党大会を経て、61年の第８回党大会で綱領路線が確定し、61年綱領では〝議会の多数を得ての革命〟の路線が明確に表明されました。すなわち、武装闘争方針の否定こそが61年綱領を確立する出発点だったのであります。

この路線は、1966年に始まる中国・毛沢東派による武力革命論をおしつける干渉との闘争のなかで大きく発展させられました。中国・毛沢東派は、レーニンが1917年に書いた『国家と革命』という著作を振りかざして、わが党綱領の〝議会で多数を得ての革命〟という路線に対して、「日本共産党は選挙活動にばかり熱中している」などという非難をあびせ、武力革命論をおしつける干渉を行ってきました。わが党は、「4・29論文」などで、マルクスの革命論を武力革命一本やりとするのは歴史のねじ曲げであることを論証し、〝議会で多数を得ての革命〟という路線が、マルクス、エンゲルスの革命論の大道のなかに位置づけられていることを明らかにした徹底的反論をくわえました。

この理論的な探究は、1997年から2001年にかけて当時委員長・議長をつとめた不破哲三さんが執筆した『レーニンと「資本論」』のなかで、さらに大きく発展させられました。不破さんは、レーニンの『国家と革命』に再び立ち戻って全面的な批判的検討をくわえ、この著作が、マルクス、エンゲルスが生涯を通じてその可能性を追求し、豊かな肉づけをあたえてきた〝議会の多数を得ての革命〟という展望をまったく欠く、国家論・革命論にかかわる重大な理論的な誤りを犯していることを綿密に論証しました。不破さんの著作の全体は個人のものですが、レーニンの『国家と革命』にかかわる部分については、特別の重要性を考慮して、常任幹部会で集団的にその内容を確認したということも紹介しておきたいと思います。

このように、日本共産党の綱領路線は、「暴力革命論」との徹底したたたかい、否定のなかで形成されてきたものであって、公安調査庁がいくら妄想しようとも、「暴力革命論」が存在する余地などはどこにもないということを、強調しておきたいと思います。（拍手）

世界論の発展――ソ連、中国の覇権主義との闘争、批判をつうじて

第三は、党綱領の世界論を大きく発展させていったことであります。

61年綱領の世界論は、当時、国際的な「定説」とされていた「二つの陣営」論という世界の見方でした。すなわち、一方の陣営は、アメリカを中心とした「帝国主義の陣営」であり、戦争と侵略の政策を展開している。他方の陣営は、「反帝国主義の陣営」であり、平和、独立、社会進歩のためにたたかっている。こういう世界の見方でした。これは一見分かりがいいのですが、大きな問題をはらんだ世界論でした。

わが党は、2004年の綱領改定、2020年の綱領一部改定で、こういう図式的な見方を清算し、〝20世紀に起こった世界の構造変化――植民地体制の崩壊と百を超える主権国家の誕生が、21世紀の今日、平和と社会進歩を促進する生きた力を発揮しはじめている〟――20世紀の世界史的発展を踏まえて、21世紀を展望するという新しい世界論をうちたてまし

た。

ここで強調したいのは、こうした新しい世界論は、ただ机の上で考えたというものでなく、覇権主義に対する闘争と批判をふまえて、到達した世界論であるということです。かつての「二つの陣営」論の最大の問題点は、「反帝国主義の陣営」のなかにソ連覇権主義という巨悪が含まれていたことにありました。わが党は、ソ連の覇権主義との生死をかけた闘争の経験をふまえて、さらに、近年、顕著となった中国の覇権主義・人権侵害への批判をつうじて、一切の図式的見方から解放されて、世界をあるがままの姿で、リアルにダイナミックにとらえる新しい世界論を確立したのであります。

野党外交と世界論――発達した資本主義国の左翼・進歩政党との交流の発展を

いま一つ、私が、強調したいのは、わが党の新しい世界論は、1999年に本格的に開始した野党外交の生きた実践をつうじて豊かにされてきたということです。

わが党は、この間、核兵器禁止条約の国連会議、NPT（核不拡散条約）再検討会議などに参加し、唯一の戦争被爆国の政党として「核兵器のない世界」の実現のために力をつくしてきました。また、東南アジアの国ぐにを繰り返し訪問し、そこで起こっている平和の激動に直接触れ、その教訓を学ぶなかで、東アジアに平和をつくる「外交ビジョン」を提唱してきました。

私たちは、これらの活動に取り組むなかで、今日の世界は一握りの大国が思いのままに動かしている世界ではない、世界のすべての国ぐにと市民社会こそが国際政治を動かす主役となる時代が到来していることを、強い実感をもってつかんでいきました。わが党綱領の世界論は、こうした野党外交の生きた経験の裏付けをもつものであり、野党外交によって豊かにされてきているのであります。

ここで野党外交の一つの新しい発展方向をのべたいと思います。発達した資本主義国の左翼・進歩政党との交流と協力の新たな発展をはかりたいということです。ヨーロッパの左翼・進歩政党の現状を見ますと、「軍事同盟のない世界」「核兵器のない世界」などで、私たちと協力することが可能で、かつ、それぞれの国で政治的影響力を持ち国政選挙などでも健闘している政党が、一連の国ぐにに存在しています。

日本共産党は、それらの政党と、あれこれの理論的立場の違いを超えて、直面する国際的連帯の課題を実現するための交流と協力を強化していきたいと思います。発達した資本主義という共通した条件のもとで活動している政党が、互いにその経験を学び、交流し、一致点で協力することは、大きな意義をもつものであると考えるものです。こうした方向にも野党外交を発展させていきたいと考えていますが、いかがでしょうか。（拍手）

社会主義・共産主義論――画期的な理論的発展をどうやってかちとったか

第四は、未来社会論――社会主義・共産主義社会論を、大きく発展させたことであります。

61年綱領の社会主義・共産主義論は、これも当時、国際的な「定説」とされていた生産物の分配方式を中心としたものでした。社会主義段階は、「能力におうじてはたらき、労働におうじてうけとる」の原則が実現される社会であり、共産主義段階は、「能力におうじてはたらき、必要におうじてうけとる」状態に到達した社会として、説明されていました。これはレーニンの『国家と革命』に由来する「定説」でしたが、「必要におうじての分配」ということは一体どういうことか。私なども、学生時代から疑問で、おいしいものがお腹いっぱい食べられる社会ということかなどと議論したものでした。生産物が人間の欲望を超えてありあまるほど分配されることが、理想社会の一番の目標ということになるとどうなるでしょうか。社会主義・共産主義のもつ人間の自由と解放という壮大な人類史的意義をとらえられない、あまりに寂しい見方になってしまうのではないでしょうか。

わが党は、２００４年の綱領改定のさいに、こうした旧来の規定を抜本的に見直し、「生産手段の社会化」を社会主義的変革の要にしっかりすえるとともに、〝すべての人間が十分な自由の時間をもち、その時間を使って、自分の能力を自由に全面的に発展させることのできる社会〟というマルクスの未来社会論の真の輝きを発掘し、綱領にすえたのであります。

それでは、わが党は、この画期的な理論的発展をどうやってかちとっていったのか。２００３年6月の中央委員会総会（22大会・7中総）で行われた綱領改定案についての中央委員会報告で、当時の不破哲三議長は、理論的発展の経過を二つの角度から明らかにしています。

第一は、ソ連崩壊という事態を受けて、わが党が、ソ連社会の実態についての研究を行い、「ソ連社会は、対外関係においても、国内体制においても、社会主義とは無縁な人間抑圧型の社会であった」という結論的な認識に到達したということです。

第二は、わが党が、それと並行して、科学的社会主義の未来社会論そのものを、より根源的にとらえなおす努力をつくしたということです。ソ連社会が社会主義と無縁な社会ならば、本来の社会主義とは何かが問われてきます。この問題を根源から探究する努力のなかで、わが党は、かつての「定説」の大本になったレーニンの『国家と革命』の批判的再検討をこの面でもすすめ、『資本論』とその草稿の研究のなかからマルクス本来の未来社会論を発掘し、その基本点を２００４年に改定した綱領に盛り込みました。こうしてソ連の体制への徹底的批判が、未来社会論の豊かな発展につながっていったのであります。

さらにわが党は、2020年の綱領一部改定にさいして、ロシア革命以降の1世紀の歴史を概括して、綱領に「発達した資本主義国での社会変革は、社会主義・共産主義への大道である」という命題を書き込みました。高度な生産力、経済を社会的に規制・管理するしくみ、国民の生活と権利を守るルール、自由と民主主義の諸制度、人間の豊かな個性などを引き継ぎ、発展させる、未来社会の壮大な展望を明らかにしました。

格差と貧困の拡大、気候危機の深刻化など、資本主義体制の矛盾が地球的規模で噴き出し、この制度をのりこえる社会への模索と探究が、さまざまな形で広がっている21世紀の世界において、わが党綱領の未来社会論は、科学的社会主義の未来社会論の本来の輝き、本来の魅力を現代に生かすものとして、国際的にも画期的な意義をもつものだと確信するものであります。(拍手)

科学的社会主義の「ルネサンス」――覇権主義とたたかい続けた全党の奮闘の成果

これらの理論的・政治的発展のなかで大きな役割を果たしてきた不破哲三さんは、党創立90周年の記念講演で、わが党の半世紀にわたる理論的発展について、「スターリン時代の中世的な影を一掃して、この理論の本来の姿を復活させ、それを現代に生かす、いわば科学的社会主義の『ルネサンス』をめざす活動とも呼べるものだ、と私は思っています」とのべました。私も、まさに「ルネサンス」と呼ぶにふさわしい仕事であり、現綱領はそれを体現したものだということを、確信をもって言いたいと思います。

そしてこの理論的・政治的達成は、自主独立の立場であらゆる覇権主義とたたかい続けた全党の奮闘によってかちとった成果であるということを、私はかさねて強調したいと思うのであります。(拍手)

党の活動と組織のあり方――民主集中制の発展

わが党自身の歴史的経験のなかでつくられ、発展してきたもの

自己改革というわが党の特質の最後に、日本共産党が党の活動と組織のあり方においても、自己改革を重ねてきたということをのべたいと思います。

この問題でも大きな自己改革を行ったのが「50年問題」の総括でした。なぜソ連・中国などからの干渉によって、党が分裂するという事態に陥ったのか。その

大きな根の一つに、当時の党内に強くあった反民主的な気風がありました。とくに党の中央委員会で、当時の徳田書記長の専決による指導が人事も含めて支配的となり、徳田の気に入らないものは排除されるという状態が生まれ、民主的、集団的な検討が保障されなかったことが、分裂という最悪の事態に陥る根の一つとなりました。

その総括にたって、わが党は、いかなる事態のもとでも党の統一と団結――とりわけ中央委員会の統一と団結を守ること、個人中心主義のやり方を排して、集団的な指導を重視すること、党内の民主主義的な気風を大切にするとともに、規律をやぶる分派主義は絶対に許さないこと――これらの民主集中制の原則を守り、発展させることが何よりも大切だという教訓を引き出しました。

民主集中制という組織原則を確立したからこそ、わが党は、足かけ5年におよぶ党内での徹底的な民主的討論をへて、61年綱領を確立することができました。さらに、その後の、旧ソ連と中国・毛沢東派による内通者を分派に仕立てての干渉攻撃を打ち破ることもできました。

わが党の民主集中制という原則は、外国のどこかから持ち込まれたものではなく、わが党自身の歴史的経験のなかでつくられ、発展してきたものであるということを、私はまず強調したいと思うのであります。

2000年の規約改定――組織と運営の民主主義的な性格をいっそう発展させた

さらに、日本共産党は、2000年の第22回党大会での規約改定で、日本共産党と日本社会の関係の新しい発展にそくして、党の組織と運営の民主主義的な性格をいっそう発展させました。

この規約改定では、それまでの「前衛政党」という規定について、「前衛」という言葉に込めた「不屈の先進的な役割をはたす」という党の特質はしっかりと引き継ぎながら、「前衛」という言葉そのものは誤解されやすい要素があるので規約から削除しました。

それまでは党組織の相互の関係で、「上級・下級」という言葉が使われてきましたが、中央委員会から支部にいたるまで、わが党に「上下関係」はありません。共通の事業を実現するうえでの仕事の分担にすぎません。そのことを踏まえ、「上級・下級」という表現はできるだけ取り除きました。

それまでは民主集中制を、「民主主義的中央集権制」とも表現していましたが、「中央集権制」という表現も、この時に削除しました。第22回党大会への規約改定報告では、『民主』というのは党内民主主義をあらわします。『集中』というのは統一した党の力を集めることをさします。これはどちらも近代的な統一政党として必要なことであります」とその意味を明確にしました。

この規約改定も、党の組織と活動のあり方の大きな自己改革であり、わが党は改定規約の条項と精神にそくして、活動を発展させてきました。

民主集中制に対する攻撃に答える——党大会の開き方を見てほしい

わが党が民主集中制を組織原則にしていることをもって、「上意下達の党」「閉鎖的な党」などと非難し、この原則を放棄せよと迫る攻撃が、半世紀前から繰り返されています。私は、そうした議論に対して、党の民主主義のうえでも、統一のうえでも、カナメをなす党大会を、私たちがどうやって開いているかを見てほしいと言いたいと思います。

２０２０年に行われた第28回党大会の場合、党大会の議案は、大会の2カ月半前に発表され、2カ月半にわたって、すべての支部、地区委員会、都道府県委員会が、会議を開いて議論をつくし、全体で１８００件の意見・提案等が寄せられました。党の会議では多数にならず、大きな流れのなかでは現れてこない少数意見も含めて、２１４通の個人意見が寄せられ、「しんぶん赤旗」の臨時号に掲載されました。それらの意見は一つひとつ吟味され、大会議案に修正・補強が加えられ、採択されました。

全党討論で寄せられた意見の一つに、党綱領の一部改定で「ジェンダー平等」を明記したことにかかわって、１９７０年代、「赤旗」に掲載された論文などで、同性愛を性的退廃の一形態だと否定的にのべたことについて、きちんと間違いと認めてほしいというものがありました。この意見についても集団的に吟味したうえで、党大会の結語で、「これは当時の党の認識が反映したものだが、間違いであったことを、この大会の意思として明確に表明したい」と真剣な反省をのべました。

たとえ半世紀近い前のものであっても、事実にそくして間違いはきっぱりと正す。これが日本共産党の大原則なのであります。

民主集中制に対する攻撃は、わが党の民主的運営のこうした生きた実態や、自己改革能力を見ようとしない不当な独断に満ちたものといわなければなりません。

ところで、自民党の党大会はどう開かれているでしょうか。今年の党大会は3月13日、１２００人を集めて開かれていますが、午前10時開会、12時には終わっています。大会の「次第」を見ますと、その2時間に、国歌、党歌の斉唱、来賓あいさつ、党務報告、運動方針報告、党則改正報告、優秀党員などの表彰、総裁演説、特別企画の空手演武の披露、参院候補者紹介、必勝コールが行われています。驚くことに、報告・提案に対する質疑も討論も、大会の「次第」にまったくありません。この党の「自由」と「民主」はいったいどこにあるのか。そのことが問われてくるのではないでしょうか。

みなさん。民主集中制の組織原則をもつ党は、党内の民主的討論にもっとも力をつくす党であることは、こうした対比においても明らかではないでしょうか。（拍手）

自己改革という角度からわが党の歴史

をお話ししてきましたが、私たちは今後もこの姿勢を貫きます。科学的社会主義と綱領を土台に、誠実に、真剣に、自己改革の努力を続けるならば、どんな困難ものりこえることはできると、私は確信するものであります。（拍手）

三、国民との共同——統一戦線で政治を変えるという姿勢を貫く

日本共産党の党史を貫く第三の特質は、国民との共同——統一戦線の力で政治を変えるという姿勢を貫いてきたということであります。

61年綱領が確定した後の60年余をどうとらえるか。正確な政治路線が確定したら、一路前進というわけにはいきません。この60年余は、「政治対決の弁証法」と呼ぶべき支配勢力との激しいたたかいの連続でした。

この期間をふりかえってみますと、日本共産党が躍進した三つの時期があります。それに対して支配勢力は、反共キャンペーンと反動的政界再編でこたえました。わが党は、その一つひとつに正面から立ち向かい、それをのりこえるなかで、前途を開いてきました。国民との共同——統一戦線で政治を変えるという61年綱領の立場を、どんな困難なもとでも、また新しい情勢にそくして、たえず発展させてきました。その生きた攻防の歴史としてこの60年余をとらえてみたいと思います。

1960年代末～70年代の躍進——反共キャンペーンと「社公合意」

日本共産党の野党第2党への躍進——危機感をつのらせた支配勢力による反動攻勢

第一は、1960年代末～70年代の躍進であります。わが党は、総選挙で、1969年12月に14議席に躍進し、72年には564万票、39議席への躍進をかちとり、野党第2党に躍り出ました。

この躍進の重要な特徴は、60年代に粘

り強く続けられた党建設の飛躍的発展という強固な土台のうえに実現した躍進だったところにありました。ですから、この第一の躍進は、その後、相手からの攻撃もありジグザグもありますが、そう簡単に押しつぶすことができない。60年代末から70年代末まで続くのです。党建設の前進という強固な土台のうえにつくられた躍進というところに特徴がありました。

この躍進は、支配勢力にとってはまったく不意打ちの躍進でした。彼らは「50年問題」で日本共産党が壊滅的打撃をこうむって復活の余地なしと見ており、わが党に対する「備え」をもっていなかったのです。当時は、多くのメディアも、新しい党が登場したと、ほとんど無抵抗に歓迎ムードで、競って日本共産党を特集しました。『週刊サンケイ』誌が、最初から最後まで日本共産党を特集する臨時増刊を出したほどでした。

革新自治体が全国に広がり、最大時には、人口の43％が革新自治体のもとで暮らしました。〝国会のことは赤坂の料亭で決まる〟――「なれあい政治」と呼ばれた国会の様相も様変わりしました。国政における革新統一戦線の結成も課題にのぼりました。

こうした情勢の大激変に危機感をつのらせた支配勢力は、本格的な反動攻勢の構えを確立していきました。「共産党は暴力と独裁の党」という反共キャンペーンが開始されました。１９７６年には国会を舞台にした反共デマ攻撃が行われ、『文藝春秋』が反共特集を開始しました。わが党は正面からの大反撃を行いました。

支配勢力は一大反共キャンペーンを行いましたが、それだけではわが党を抑え込むことができません。続いて発動されたのが大がかりな反動的政界再編でした。１９８０年1月に交わされた「社公合意」――社会党と公明党による安保条約容認・日本共産党排除の合意は、その画期となりました。「社公合意」の中身は、社公による連立政権をつくるときには、日本共産党を入れないという政権排除協定でしたが、実際には、国会運営を含めてあらゆる分野で共産党排除が行われました。「日本共産党を除く壁」が築かれ、日本共産党を除く「オール与党体制」がつくられました。

私が書記局長に選出されたのは１９９０年ですが、その当時は、日本共産党は、国会の与野党幹事長・書記長会談からも、与野党国対委員長会談からも排除される。わが党を排除した密室協議で国会運営も決められていく。そういう無法な「日本共産党を除く壁」が国会にも築かれていたことを思い出します。

「無党派との共同」という新たな挑戦と、「自民か、非自民か」という新たな反動戦略

日本共産党は、この一大逆流に屈することなく、「無党派の方々との共同」という新しい統一戦線運動に取り組みました。

わが党は、「社公合意」の直後の1980年2月に開催した第15回党大会で、革新統一懇談会を全国、地方につくることを呼びかけました。81年には全国革新懇が結成されました。これは、「政党の組み合わせではなく一致する課題で共同する」という統一戦線の原則を踏まえた、世界で他に例のない勇気ある選択でした。

第15回党大会でこの方針を呼びかけたときに、招待していた外国来賓から、「社会民主主義の党を抜きにした統一戦線があるのか」などと質問攻めになり、説明しますと、「わかったが、よほど勇気がないとできない方針だ」との反応もあったと聞きます。

この時に革新懇運動を始めたことは、本当に先を見据えた大きな歴史的意義があるものだったということを、この40年余、日本共産党と肩を並べて革新懇運動を担ってこられたすべての方々への感謝を込めて、私は、強調したいと思います。

「オール与党体制」が10年近く続きますと、新たな「なれあい政治」と金権腐敗政治が復活してきます。消費税が導入され〝列島騒然〟という事態も起こりました。そうしたもと、1989年に入ると各地で地方政治に異変が起きました。現職の知事・市長候補に対して、党単独推薦の無所属の候補者があいついで40％を超える得票を獲得し、メディアも「地殻変動」の予兆かと書く状況が生まれました。ただ、1989年6月の中国・天安門事件、ソ連・東欧の体制崩壊の表面化によって「地殻変動」は現実のものになりませんでした。

しかし、支配勢力は、この一連の出来事から、「オール与党体制」に代わる新たな反動戦略が必要だと考えました。「オール与党体制」というのは強いようで、いったん崩れると批判の受け皿が日本共産党だけになってしまい、実態はもろいということが明らかになったからです。

新たな反動戦略とは、メディアもすべて抱き込んで小選挙区制を強行すること、それと一体に保守の「二大政党制」をつくるということでした。

1993年の総選挙では、新たにいくつもの保守新党が生まれ、社会党、民社党、公明党などとともに「非自民連合」がつくられ、「自民か、非自民か」の選択をおしつける新たな作戦が大々的に展開されました。

この総選挙は、私が書記局長・候補者として初めてたたかった選挙でしたが、私が、選挙戦のさなかにNHKのインタビューに出演しますと、司会者の第1問は、「自民か、非自民かということになると、共産党はカヤの外になるではないですか」でした。私は、『カヤの外』というけれども、『カヤの中』こそ問題です。そこにあるのは古い腐った政治ではないですか。そんな汚いカヤには頼まれても入りません」と答えたことを思い出します。下りのエスカレーターを逆に駆け上がっているような強い逆風のなかでの、厳しいたたかいでした。

この総選挙で細川政権が生まれますが、「非自民連合」はにわか仕立てのものだったため、まもなく自壊します。筋を通した日本共産党への期待が広がり、新しい局面が開かれてきました。共産党躍進の波が起こってきました。私は「カヤの中」に入らなくてよかったと、つくづく痛感したしだいであります。

1990年代後半の躍進――反共謀略と「二大政党の政権選択論」

党史上最高の峰への躍進――最大・最悪の厳しい逆風とのたたかい

第二は、1990年代後半の躍進であります。1996年の総選挙で日本共産党は、727万票を獲得し、26議席に躍進、98年の参院選では820万票、15議席を獲得する大躍進を果たしました。

この峰は、党史上最高のものであり、その喜びは大きなものがありましたが、同時に、私たちは大きな課題があることも実感しました。それは党の政治的影響力の急拡大に、党の実力が追いついておらず、党を支持してくれた広大な新しい方々との組織的な結びつきがつくれていないという課題でした。

支配勢力は、またもや反共キャンペーンに訴えました。今度は謀略そのもののやり方でした。2000年の総選挙で、出所不明の反共謀略ビラが大量に配布されました。選挙戦を走っておりまして、最終盤に急速に街の空気が冷え込んだことを思い出します。

続いて、本格的な反動的政界再編が開始されました。今度は、「自民か、民主か」という「二大政党の政権選択」のおしつけであります。この反動的政界再編の動きは、日本共産党を最初から国民の政党選択の枠外に追いやってしまおうというものであり、私たちが経験した中でも最大・最悪の厳しい逆風として作用しました。

この時期、わが党の国政選挙での得票は、300万票台から400万票台に落ち込み、議席は、衆議院で8～9議席、参議院で6議席まで押し込まれました。頑張っても、頑張っても国政選挙で結果が出せない状況が続きましたが、わが党は、党綱領にもとづいて、また党内外の方々の声に耳を傾けて、毎回の選挙結果を冷静に分析し、教訓を学び、団結して次のたたかいにのぞみました。

革新懇運動と「一点共闘」の発展――その後の市民と野党の共闘を支える土台に

こうした最も苦しい時期にも、わが党は統一戦線を発展させる新しい努力と探究を続けました。

草の根で革新懇運動が粘り強く続けられました。この運動では、「社公合意」のもとでも、勇気をもって統一戦線を発展させる立場にたつ社会民主主義者の方々が重要な役割を果たしてこられましたが、この時期に、経済界の重鎮も加わりました。

経済同友会終身幹事・品川正治《まさじ》さんが代表世話人に就任しました。品川さんは、旧日本軍での白兵戦の地獄絵さながらの体験を経て、憲法9条を守りぬくことに強い情熱を傾けてこられた方ですが、品川さんが「戦争か平和かが問われる激突の時代に、私たちはすでに革新懇という組織をもっている。この時代に革新懇があって本当によかった」としみじみ語っておられたことを、感謝とともに思い出します。

この時期には、私たちが「一点共闘」と呼んだ課題ごとの協力が各分野で広がりました。2001年の憲法集会から日本共産党と社会民主党の党首が並んで訴えるという形での協力が始まりました。

2004年には各界の著名人9氏の呼びかけにより「九条の会」がつくられ、この運動は全国津々浦々に広がり、憲法改悪の流れを阻止する重要な役割を発揮しています。

困難な時期に、草の根で粘り強く続けられた共闘の努力は、その後、市民と野党の共闘を支える土台となっていきました。苦しい時代の頑張りが、次の時代を準備した。私は、そのことを、この時期に共闘を支えたすべての方々への感謝を込めて強調したいのであります。（拍手）

2010年代中頃の躍進――市民と野党の共闘への挑戦

党躍進を力に、〝国民の立場にたった政界の民主的改革〟に挑戦

第三は、2010年代中頃の躍進であります。2009年に民主党政権が誕生し、わが党は、当初は、「良いことには賛成、悪いことには反対、建設的提案を行う」という対応を行いました。しかし民主党政権は、まもなく辺野古新基地問題、消費税問題、原発問題などで自民党と同じ立場に落ち込み、失敗に終わりました。

「自民か、民主か」という「二大政党の政権選択」のおしつけが崩壊するもとで、平和でも暮らしでも筋を通した日本共産党への新しい期待が広がりました。わが党は、2013年6月に行われた東京都議会議員選挙で8議席から17議席への躍進をかちとりました。直後の7月に行われた参院選で515万票・8議席、14年の総選挙で606万票・21議席への躍進をかちとり、16年の参院選でも602万票を維持し改選議席を6議席に倍増させました。

苦しい時期をへての躍進は、全党の大

きな喜びとなりましたが、ただ、この躍進のさいも、党の実力はともなっていませんでした。私たちは「実力以上の躍進」と総括し、何とかこのギャップを埋めねばという強い思いでの奮闘が、全国で続けられました。

この躍進を力に、わが党はかつてない挑戦を開始しました。2015年9月、安倍政権によって、憲法違反の安保法制が強行されるという事態が起こり、この暴挙に反対する市民的・国民的運動が大きく発展し、「野党は共闘」という国民的たたかいに背中を押されて、私たちは党の歴史でかつてない新しい挑戦に踏み込みました。市民と野党の共闘への挑戦であります。

それまでの2回の躍進の場合、わが党の躍進は、支配勢力が主導しての反動的政界再編によって抑え込まれてきました。今度は、党の躍進を力にして、こちらから主導的に、〝国民の立場にたった政界の民主的改革〟に挑戦しよう。これが市民と野党の共闘への挑戦でありました。

熾烈な野党共闘攻撃・反共攻撃と、大逆流を押し返す全国の大奮闘

それだけに支配勢力の攻撃は、きわめて熾烈《しれつ》なものとなりました。2017年の総選挙では、野党共闘を分断する突然の大逆流が持ち込まれました。共闘破壊のために野党第1党の民進党をまるまる「希望の党」に合流させ、一夜にして解体させたのであります。野党第1党をまるまる解体させるというのは、日本の政治史上かつてない出来事でした。大逆流のもと、わが党は身をていして共闘を再構築するために奮闘しました。

それは共闘の灯を残す重要な成果をあげましたが、わが党の議席は12議席に後退しました。しかし国会共闘の新たな前進が開始され、2021年の総選挙では、野党間で共通政策とともに政権合意が確認されるもとで、政権交代に本気で挑むという党史上初めての挑戦を行いました。それだけにさらに激しい野党共闘攻撃・反共攻撃が行われ、共闘は確かな成果をあげましたが、わが党の議席は10議席に後退しました。

2回の総選挙での支配勢力による必死の野党共闘攻撃、反共攻撃は、支配勢力がいかに共闘を恐れているかを私たちに強く実感させるものでした。

今年7月に行われた参院選に向けても、野党共闘攻撃、反共攻撃はさらに激化しました。それは共闘の灯をつぶしてしまおう、日本共産党が参加する連合政権という事態は絶対に避けなければならないという支配勢力の危機感にたった攻撃でした。

全国の党員と後援会員のみなさん、支持者のみなさんは、野党共闘と日本共産党への攻撃、ウクライナ侵略に乗じた反共・改憲・大軍拡という二重の大逆流と正面から果敢にたたかいました。8月の第6回中央委員会総会では、参院選の結果を、「二重の大逆流を押し返す過程での一断面」と総括しました。

この攻防は現在進行形であります。全

国のみなさん。次のたたかいでは必ず反転攻勢を実現しようではありませんか。（拍手）

党綱領で統一戦線を高く掲げる党として、困難をのりこえこの道を成功させる

７年前に行った市民と野党の共闘という道の選択は、正しい選択だったでしょうか。

私たちは、安倍政権による立憲主義・民主主義・平和主義の破壊という非常事態をただすという大義を掲げて、共闘の道に踏み込んだことは、変革の党としての当然の責任だったと確信しています。

共闘によって、全国で新しい友人、信頼の絆をつくりだしたことは、現在と未来に生きるものになると実感しています。

そして、この決断が、国民の日本共産党に対する見方を変え、新しい期待を広げていることも間違いないのではないでしょうか。

日本の政治を変える道は共闘しかありません。国民の願いにこたえるたたかいをあらゆる分野で起こすこと、日本共産党を強く大きくし、その政治的躍進をかちとることこそ、共闘を再構築する最大の推進力になります。

全国のみなさん。党綱領で統一戦線を高く掲げる党として、どんな困難があってもそれをのりこえて、この道を成功させるために力をつくそうではありませんか。（拍手）

反共と反動のくわだての一歩一歩が、矛盾を広げ、支配体制をもろく弱いものに

苦しめられていたのは日本共産党だけではない、国民こそ最大の被害者だった

60年余の「政治対決の弁証法」を概括して、私が、強調したいのは、反共キャンペーン、反動的政界再編は、国民の暮らしと平和を破壊する政治と一体のものだったということです。苦しめられていたのは日本共産党だけではない。国民こそが最大の被害者だったのであります。

振り返ってみますと、１９８０年代～90年代の時期に、「オール与党体制」のもと、異常な対米従属と財界中心の政治が、大手を振って横行するようになりました。経済政策では、臨調「行革」の名で、新自由主義の政策が開始され、国鉄など公共部門の民営化、社会保障削減で

猛威を振るい始めました。外交・安保分野では、1970年代までは米軍基地をアメリカの戦争に使うことが焦点でしたが、80年代に入るころから、ソ連との対決のさいに日本の軍事力をいかに使うか——米軍と自衛隊の共同軍事作戦の具体化が焦点となっていきました。

2000年代の時期には、経済政策では、新自由主義の暴走がさらに顕著になりました。「構造改革」の名のもとに社会保障費の自然増削減、労働法制の規制緩和が強行されました。格差と貧困が広がり、2008年のリーマン・ショックのさいには「派遣切り」が強行され、一大社会問題になりました。外交・安保分野では、アフガニスタン戦争とイラク戦争への自衛隊の派兵など、海外派兵が本格的に開始された時期となりました。

新しい政治を生み出す「夜明け前」——日本共産党躍進でそれを現実のものに

2010年代から今日にいたる時期は、新自由主義と「戦争する国」づくりの大暴走によって、矛盾がいよいよ深刻になった時期であります。

安倍・菅・岸田政権の10年が、日本の政治・経済・社会をどれだけ悪くしたか。「アベノミクス」で格差と貧困がさらに深刻になりました。日本は、世界でも例外的な「賃金が上がらない国」「成長できない国」に落ち込みました。安保法制強行など立憲主義・民主主義・平和主義の破壊が進みました。「森友・加計・桜を見る会」問題、統一協会と自民党などの深刻な癒着、憲法違反の安倍元首相の「国葬」強行など、政治モラルの退廃が文字通り底なしになっているではありませんか。

こうして反共と反動のくわだては、その一歩一歩が、自民党政治と国民との矛盾を広げ、その行き詰まりを深刻にしています。それは同じことの繰り返しでは決してありません。反共と反動のくわだてのたびごとに、国民との矛盾が蓄積し、その支配はもろく弱いものになっているのではないでしょうか。

ですから大局的・客観的に見るならば、日本はいま、新しい政治を生み出す「夜明け前」となっていると言っても過言ではありません。

ただ、社会の「夜明け」は自然には訪れません。異常な対米従属と財界中心の政治のゆがみを根本からただす綱領をもつ日本共産党を躍進させてこそ、「夜明け」は現実のものになる、みんなで日本の「夜明け」をつくろう、このことを私は強く訴えたいのであります。（拍手）

強く大きな日本共産党の建設を
——党の歴史的発展段階と展望をどうとらえるか

60年代の初心に立ち、「強く大きな党をつくって選挙に勝つ」という法則的発展を

その最大の力となり、保障となるのが、強く大きな日本共産党を建設することです。

「社公合意」以来の長年にわたる「日本共産党を除く壁」、ソ連・東欧崩壊を利用した日本共産党攻撃などの客観的情勢の困難は、党建設の前進にとっても大きな障害となりました。全国のみなさんの大奮闘が続けられてきましたが、私たちはなお、党勢を長期にわたる後退から前進に転ずることに成功していません。

現在、党員の現勢は約26万人、「しんぶん赤旗」の読者数は約90万人となっています。歴史的に見ると、わが党の党勢は、１９６５年～66年の水準であることを、率直にお伝えしなければなりません。

私は、この事実を直視し、１９６１年に綱領を確定した党が、党建設の新たな前進をつくっていった１９６０年代の初心にたって、党づくりに取り組むことを、また党づくりへのご協力を、心から訴えたいと思います。

60年代の党建設の歴史には、〝目標と期限を数字としてかかげて目的意識的・計画的に党建設に取り組む〟という、党の歴史でもそれまでやったことのない党建設に取り組んだ先人たちの不屈の開拓者的なたたかいが記録されています。

１９６０年代の党建設の飛躍的発展は、70年代の第一の躍進を準備するものとなりました。全国のみなさん。60年代から70年代のような、「強く大きな党をつくり、その力で選挙に勝ち、さらに強く大きな党をつくる」という法則的な発展を、今日の新しい情勢のもとで、みんなの力でつくりだそうではありませんか。（拍手）

党の歴史的発展段階と客観的条件——四つの巨大な変化に確信をもって

それは可能でしょうか。１９６０年代中頃と比較して、現在の党の歴史的発展段階、党をとりまく客観的条件を大きくとらえたときに、そこには巨大な変化があることを強調したいと思います。

第一は、綱領路線の発展であります。すでにお話ししてきたように、私たちは、61年綱領を土台に、科学的社会主義の本来の生命力、魅力を全面的に生かした大きな理論的到達点を手にしていま

す。そのなかで気候危機打開やジェンダー平等など現代の最先端の課題を綱領に位置づけたことも、若い人々の心に響いています。

第二は、自民党政治の行き詰まりであります。1960年代中頃は、自民党政治がインフレや公害問題など矛盾を拡大しながらも「高度経済成長」を実現した時期でした。ところが今日では、日本は「成長できない国」に転落し、出口の見えない深刻な危機に陥っているではありませんか。日本の現状は、日本共産党の発展を強く求めているのであります。

第三は、日本共産党の政治的影響力の大きさであります。1960年代中頃に、わが党が国政選挙で獲得した得票は百数十万票～200万票程度でした。国政への影響力はごくわずかでしかありませんでした。現在、わが党の国政における存在感ははるかに大きなものがあります。地方政治はどうでしょうか。60年代中頃は、わが党の地方議員数は約1200人、議席占有率は1・5%程度でした。現在は2527人、議席占有率は7・8%となっています。全党のみなさんのたゆまぬ奮闘によって、地方議員という草の根での力を持ちこたえてきた意義はたいへんに大きなものがあります。このことをみんなの確信にして、来春の統一地方選挙でこの力を必ず大きくしようではありませんか。(拍手)

第四は、国際政治で〝主役交代〟が起こっていることであります。1960年代中頃の世界は、植民地支配の崩壊はほぼ完了していましたが、新たに独立した国ぐにが国際政治で力を発揮しだすのは1980年代以降の時期であって、なお一握りの大国が世界を思いのままに支配する時代でした。今日ではどうでしょう。核兵器禁止条約の成立が象徴するように、一握りの大国から、世界の多数の国ぐにの政府と市民社会へと国際政治の主役が大きく代わり、日本共産党はこの新しい世界において本流のど真ん中を歩んでいます。

全国のみなさん。歴史は決して無駄に流れてはいません。この巨大な変化を生かして、未来をひらく強く大きな党をつくるために力をそそぐ決意を、日本共産党創立100周年にあたって固めようではありませんか。(拍手)

結び——次の100年に向かって

日本共産党の規約は、党の性格を次のように明記しています。

「党は、創立以来の『国民が主人公』の信条に立ち、つねに国民の切実な利益の実現と社会進歩の促進のためにたたかい、日本社会のなかで不屈の先進的な役割をはたすことを、自らの責務として自覚している。終局の目標として、人間による人間の搾取もなく、抑圧も戦争もない、真に平等で自由な人間関係からなる共同社会の実現をめざす」

　ここには、日本共産党が、終局の目標として、社会主義・共産主義をめざす革命政党であることが規定されています。

　きょう、私は、「革命」という言葉を何度も使ってきましたが、革命とは、恐ろしいことでも、混乱でもありません。私たちがめざしている革命とは、平和的で、合理的な方法で、同時に、根本から、社会変革をすすめるということであります。

　だからこそわが党は、きょう、るるお話ししてきたように、支配勢力の激しい攻撃につねにさらされてきました。100年を振り返ってみて、わが党にとって順風満帆な時期はひと時もありません。たえず攻撃にさらされ、それを打ち破りながら前途を開く――開拓と苦闘の100年が、日本共産党の100年であります。しかし、支配勢力による攻撃は、わが党が革命政党であることの証しであり、社会進歩の大きな流れのなかでみれば、たいへん名誉なことではないでしょうか。

　日本の政治は、新しい政治への転換をはらむ大きな激動のさなかにあります。世界では、資本主義の体制的矛盾が、貧困と格差、気候危機など、あらゆる分野で噴き出しています。これらは次の100年を、日本国民にとっても、世界の諸国民にとっても、大きな進歩と発展の100年にしうる条件が存在していることを示しているのではないでしょうか。

　「日本共産党」の名がいよいよ生きる時代に私たちは生きています。

　全国のみなさん。100年の歴史で発揮された特質――どんな困難にも負けない不屈性、科学の立場での自己改革、国民との共同――統一戦線を追求するという特質を、新しい時代にふさわしい形で発展させ、新しい世代に私たちの事業を継承し、希望ある未来をひらくためにともに奮闘しようではありませんか。（拍手）

　そして、きょうの講演を聞いていただき、私たちの歴史と綱領に共感していただいた方は、どうか100周年のこの機会に日本共産党に入党していただき、たった一度しかない大切な人生を、社会進歩と重ねて生きる選択をしていただくことを、心から呼びかけるものです。

　以上で、記念講演を終わりにいたします。

　日本共産党創立100周年万歳。ありがとうございました。（大きな拍手）

（「しんぶん赤旗」2022年9月19日付）

—ＭＥＭＯ—

—MEMO—

9784530017110
ISBN978-4-530-01711-0
C0031　¥264E
定価290円(本体264円+税)
1920031002646
文献パンフ ③

日本共産党創立100周年記念講演

日本共産党100年の歴史と綱領を語る

志位和夫

2022年10月12日／発行＝日本共産党中央委員会出版局
〒151-8586 東京都渋谷区千駄ヶ谷4-26-7
Tel.03-3470-9636／振替口座番号 00120-3-21096
印刷・製本＝株式会社 光陽メディア